Via Diaz

To Mr. Scott. M. BLUEKENS —
Roman Perticarini:
200/8/1997

Essential Poets Series 42

Romano Perticarini

Via Diaz

Translated by Carlo Giacobbe

Guernica

Guernica Editions gratefully acknowledge financial support
from the Secretary of State (Multiculturalism Directorate). The
editor would like to thank Linda Rogers, Deborah Steinberg,
Lynn Stewart and Marco Fraticelli for their invaluable
comments on the translations.

Antonio D'Alfonso
Guernica Editions, P.O. Box 633, Station N.D.G.,
Montréal (Québec), Canada H4A 3R1

Legal Deposit—Fourth Quarter
Bibliothèque nationale du Québec & National Library of
Canada.

Canadian Cataloguing in Publication Data

Petricarini, Romano, 1934-
Via diaz

(Essential poets; 42)
ISBN 0-920717 17-36-5

I. Giacobbe, Carlo   II. Title.   III. Series.

PS8581.E8445V43 1988   C851   C88-090402-X
PR9199.3.P48V43 1988

Contents

Ed ella a me: nessun maggior dolore
che ricordarsi del tempo felice.

(And she replied: "There is no greater pain
To be reminded of a happy time.")

Dante,
Inferno (Canto V, 121-122
translated by Louis Biancolli)

L'altra riva

Tendimi una mano
non chiedo di più
portami con la barca
che ogni notte sogno
libero di vivere
sull'altro mare,
sulle sabbie cocenti
butterò via le ceneri
di questo assurdo mare.
Accompagnatemi sull'altra riva
dover potrò bagnarmi
le secche vene.
Una mano soltanto.

The Outer Shore

Give me your hand
I ask nothing more:
Carry me on the ship
I dream of every night,
free to be
on the outer sea.
I will rid myself
of the ashes from this absurd sea
on scorching sands.
Come with me
to the outer shore
where I can bathe
my desiccated veins.
Only a hand...

Via Diaz

È rimasto inchiodato
lo storico marmo
sul primo muro antico,
Via Armando Diaz
lo si legge appena.

Quando annottava
e la città dormiva
il suo sonno di pietra,
portoni verdi al velo
argenteo di luna
nascondevano miserie.
Acquattati sullo spiazzo
feriti e calzoni rotti,
masticavamo carrube
pronti al lancio furioso
di sassi sulla fionda
al nemico di piazza.
I frantumi d'un vetro
mandavano madonne in aria
e calci sulle chiappe.

Cominciavano a fiorire
sfornate di odorosi pani
su per la stretta strada;
il canto stonato di Lucio
velava il battere di maglio.

Via Diaz

The historical slab
is still rivetted
to the primal, ancient wall:
Via Armando Diaz
can hardly be read.

When darkness fell
and the town lay asleep
in stony silence,
portals green in the silver
lunar shades
concealed misery.
Squatting down on the curb we —
bleeding, tattered trousers —
chewed carobs,
ready for the fierce flinging
of stones with our slingshots
at the enemies in the square.
The shards of a shattered pane
caused outbursts of cursing
and ass-kicking.

The scent of fresh-baked bread
billowed up
along the narrow street;
Lucio's badly-tuned singing
deadened the pounding of mauls.

Un urlo di madre coprì
ogni rumore ogni voce,
un camion rubò la vita
ad un bimbo di nome
Angelo Grazioli, sull'asfalto
in una chiazza di sangue.
Un nero mosaico di gente
in lacrime, taciturne,
chiuse in ricci di dolore.

I castelli di cartapesta
coi sogni d'ogni ragazzo
logorati dal tempo, sgretolati
in appunti di memorie lontane
sbiadirono come le lettere
di quel marmo di Via Diaz.

Scrivo con questa penna
di ricordi mossa, di te
via dei dolori e dell'amore,
di voi ragazzi senza pane
amici delle stesse carrube,
delle capriole sulle meliche,
delle finestre rattoppate.
Ancora di te, malato di te
Via Armando Diaz
che mi fai vomitare ricordi.

A mother's howl covered
all sounds, all voices,
when a truck took the life
of a child named Angelo Grazioli,
there on the pavement
in a pool of blood.
A bleak mosaic of people
crying silently,
locked in husks of sorrow.

And the papier-mâché castles
in every boy's dream,
time-worn, crumbled
in the notes of long-past memories,
faded like the letters
on that slab in Via Diaz.

With this remembering pen
I write of you
street of ordeals and love,
of you boys with no bread,
friends sharing carobs,
capering on broomcorn,
patched up windows.
Of you again possessed,
Via Armando Diaz,
that makes me belch my memories.

Uomo senza libertà

Volevo essere
uomo di ogni vicolo,
di ogni strada,
di ogni fiume o mare,
di ogni confine,
pietra sulla pietra,
libero da schemi
programmati per vivere,
vento nel vento impetuoso
senza identità nè dimora,
gabbiano di ogni spiaggia.

Sono soltanto un uomo
che al mattino indossa
la solita tuta blu
cartellinato per vivere,
chiodo nella ferraglia
che brucio che saldo,
vuoto di ogni vicolo,
di ogni mare, strada, confine,
sazio di un pianto dentro,
e mi scavo nel cuore
vive memorie di paesi,
di strade infinite, di vicoli,
di sogni di libertà.

Man with No Liberty

I wished I could be
the man of every alley,
of every street,
of every river or sea,
of every border:
a stone among stones,
unfettered by schemes
that schedule a life;
wind in the fury of winds,
with no identity, no home;
a seagull on any beach.

But I am only a man
bound to wear at dawn
that same blue coverall,
time-marker-dependent;
a nail in scrap iron
I melt and I weld;
lacking alley,
sea, street, or border;
locked within my plaintive self.
I prise from my heart
clear memories of lands,
of endless streets, of alleys,
of visions of liberty.

Vederti sorridere

Vorrei leggere
sorrisi immensi
scrivere felicità
sul tuo volto
con l'inchiostro
dei giorni più sereni.
Strapparti via
quel diario di dolore:
Dio, perchè
sono soltanto un uomo
vinto dalla fatica
col cuore incendiato
da fuochi di tristezza?

Dentro due pozzi

Mi sono sfamato
della primizia
dei tuoi occhi
azzurri e sorridenti.

Oggi mi disseto
dentro due pozzi
assurri e tristi.

To See You Smile

I wish I could read
never-ending smiles
on your face;
write of happiness
with the ink
of placid days.
Could I but wring from your hands
that diary of sorrow:
God, why
am I only a man
overwhelmed by exhaustion,
his heart ablaze
with the fires of grief?

Inside Two Wells

I filled my hunger
with the freshness
of your blue,
beaming eyes.

Today I quench my thirst
inside two blue,
saddened wells.

Cosa da buttare via

Sul filo spinato è nato
questo cuore che batte da uomo
che non coglie pietà.
Conto che l'orologio al quarzo
non mi svegli all'alba
con la sua odiosa musichetta,
che il sole non butti via
l'anima di questa notte
che mi ha fatto compagnia
come un vestito alla pelle.
Non posso ascoltare ferrosi
rumori di città meccaniche,
ancora un'ora di sogni
per abbandonarmi scapriolando
sul trifoglio in fiore.

Una febbre mi desta
e ancora una volta scivolo
come ogni mattina
sul budello dell'asfalto
come cosa da buttare via,
la forgia attende il mio pallore.

Thing to Discard

It was born on barbwire
this man's beating heart
that can feel no pity.
I am counting on the quartz-clock
not waking me at dawn
with its odious tunes;
on the sun not wasting
the soul of this night
that kept me company
as a shirt does to skin.
I cannot listen yet
to metal noises, mechanical cities,
one more hour of dreams
to let myself go capering
over the budding clover.

But fever awakens me
and once more I grovel
as every morning
on the asphalt snake,
a thing to discard.
A forge will face my paleness.

Natale

La notte si fa di piombo
e morde le ultime tracce
del giorno che va morendo,
una campana suona lontano.
In questo studio illuminato
da lampadine a luce sabbiata,
parlo con Gesù bambino,
povero Cristo come soffre!

Via, lasciatemi solo,
appesantito dalla crosta di neve
che scende copiosa
sulle case calde della città
affogata da un mare di gelo.

Non mangiate, bambini festosi,
sporche palle di acida neve,
un ministro ha promesso:
ripuliremo l'aria, il cielo,
prima che torni ancora
un altro Santo Natale.
Ritonerà neve bianca
sui vostri giochi innocenti.

Basta non morire questa notte.

Christmas

The night, turned leaden,
swallows the last shreds
of fading day;
a bell, far away, rings.
In my study, diffusely
lit by frosted bulbs,
I speak with the Christ-child:
poor devil, what suffering!

Away with you. Leave me alone.
I am weighed down by the sheet
of snow, heavily falling
on warm houses in
the frost-engulfed town.

Don't you eat, merry children,
those filthy balls of acid snow.
A minister took the pledge:
before we face
another holy Christmas
we will clean the air and sky.
Snow will fall new and white
on your innocent games.

May we not die this very night.

Gli stracci umili di mio padre

Prima che potessi capire
il fascino delle vecchie mura,
la dolcezza dei vicoli oscuri,
il calore che può l'amicizia,
la serpe del rancore mordeva
profondo il suo veleno.
Perchè tanta miseria?
E prima che libro dopo libro
nelle notti di Amburgo, Flensburg,
potessero darmi gioia e pace,
risento ancora chiare le parole
di pochi volgari imbecilli:
— È solo un morto di fame.
La fame non l'ho inventata io
e senza vergogna porto ancora
gli stracci umili di mio padre.
Miseria e fame, vaccini d'umilità
regalato mi hanno grande amore
e non mento se ogni giorno
lo regalo ad uomini come me.

The Shabby Togs of My Father

Before I could perceive
the charm of old walls,
the grace of dim alleys,
the warmth friendship gives,
the adder of bitterness
bit deep and venomous.
Why such misery?
And before I could find
joy and peace in my books
on those nights in Hamburg, in Flenburg,
I still clearly hear the words
of a few nasty imbeciles:
"He's only a poor wretch."
But hunger was not my fabrication,
nor am I ashamed to keep wearing
the shabby togs of my father.
Misery and hunger, schools of decency,
granted me immense love
that I earnestly give
every day to men like me.

Donna

Avevi occhi di cielo
e volto di spuma marina
e purezza di cristallo.

Il cielo venne grigio,
il mare irrequieto,
ah Dio, del cristallo
quanti frammenti!

Woman

Sky-blue eyes once you had
and a face of sea-foam
and the purity of crystal.

But the sky turned gray,
the sea grew wild.
Oh God, of that crystal
only innumerable shards!

Volo 007

Vi decoreranno soldati
con medaglie e croci di oro,
sotto il peso di quell'oro,
immenso quello delle lacrime.
Per voi soldati ubbidienti
sfileranno sulla Piazza Rossa
ufficiali con cuore di ghiaccio
battendo forte sul selciato,
in cadenza, stivali lucidi.
Generali verniciati di medaglie
vi onoreranno leggendo impettiti
il bellettino di guerra:
Abbattuto aereo coreano 007
(con 269 civili a bordo)
—innocente carne al macello
venduta per giochi politici—.
"Volava sopra una fetta d'isola
del nostro inviolabile cielo":
missione compiuta, non volerà più.
Strette di mani, rumore di tacchi.

Soldati, le lacrime non fanno rumore,
nascono giganti dal sangue innocente
versato senza capire perchè,
e aprono voragini di dolore.

Flight 007

You will be awarded, soldiers,
medals and golden Crosses,
but that gold is outweighed
by the burden of tears.
For you, dutiful soldiers,
ice-hearted officers
will swagger on Red Square,
stamping hard on macadam
their shiny boots, in cadence.
Stiff medal-daubed generals
will honor you, reading
the war bulletin:
KAL Flight 007 Terminated —
(269 civilians on board)
a carnage of innocents
entangled in political games—
while flying over a strip of island
in our inviolable sky.
Mission accomplished, it will fly no more.
Shaking hands, banging of heels.

Soldiers, tears make no noise.
They spring gigantic from innocent blood
shed for no reason;
they open chasms of sorrow.

Si squarciò il cielo quella notte,
un fuoco violentò le stelle,
mani in divisa aprirono tombe
sulle fredde acque di Sakhalin.
Duecentosessantanove innocenti non vedranno il sole
e nemmeno il colore d'un fiore.

The sky rifted that night.
A blaze ravished the stars.
Hands in uniforms excavated tombs
in the chilly waters of Sakhalin.
Two hundred and sixty-nine people shall not see the
    sun
nor the color of a perfumed bud.

Lettera a Marina Ivanova Cvetaeva

Morta suicida il 31 agosto 1941

Ah Marina, vivere nei tuoi giorni
di sogni: nella tua ruota di vita
così impetuosa (vento di steppa),
nelle tue notti di amore e di donna,
nelle tue ore di tormento e poesia.

Non suonavano balalaike a Elabuga
negli ultimi caldi di agosto,
di cemento il sole, ombrose le steppe.
Non una rosa gettarono sul legno
dove tu poeta stretta riposavi
suicida per dignità di vita,
e le rose erano i tuoi fiori.

Un solo cavallo scalpitava zoccoli,
poi nella polvere corse veloce
strappandoti da qualche rosario
sgranato a malavoglia dietro finestre,
anche la preghiera sapeva di vodka,
e la bevvero! Ospiti d'una maledetta
immensa, assurda, gelida prigione.

Letter to Marina Ivanova Cvetaeva

Committed suicide on August 31, 1941

Ah Marina! to live in your days
of reverie; in the wheel of your life
so impetuous (wind of the steppe),
in your nights of womanly love,
in your hours of torment and poetry.

Balalaikas were not playing at Elabuga
in the last dog days
of concrete sun and shadowy steppes.
Not a rose was thrown on the wood
where you, poet, were resting,
suicide for dignity of life;
yet the rose used to be your flower.

A horse, alone, pawed the ground, then
fast in the dust it cantered,
disrupting rosaries reluctantly
uttered behind shutters.
Even orisons tasted like vodka,
and they did drink it — the guests of a damned,
absurd, large freezing prison.

L'ultimo manifesto

Il rame delle foglie
degli ultimi di ottobre
un viottolo ha colorato.
Un cuore che non ha amore
novembre ha dipinto;
ferito da un segno di sole
senza coraggio passo il giorno.

Su quel muro imbrattato
della vecchia piazzetta,
domani,
fra gli evviva e gli abbasso,
sfregiato di parolacce,
l'ultimo manifesto,
finalmente.
Ultima tassa da pagare.

The Last Poster

The copper leaves
of late October
have reddened a path.
A loveless heart,
painted November,
wounded by a blade of sun,
cowardly, I drag my day.

In the little old square,
tomorrow, on that smeared wall,
amid approvals and denials,
disfigured by obscene graffiti,
the last poster,
finally.
One more tax to pay.

Asini catalani

Come il bruciore
della medusa che ci sfiora,
che tradisce il nostro nuoto,
così molli, trasparenti,
viscidi dentro e fuori,
catalani che mi sfiorate
mostrando falsi sorrisi,
che incontro nelle mie
folli giornate di dolore
strappandomi pietà,
a voi non regalerei mai
(e il motivo non mancherebbe)
le notti insonni e le albe
di travagli sorte.
A vostra insaputa respiro
amicizia da tanti amici
e su questo petto senza vergogna
batte, dove in voi non esiste,
un cuore da uomo.

Catalan Donkeys

Like the burning jellyfish
grazing the swimmer, betraying,
so are you, soft, gelatinous,
slippery inside and out.
Catalan donkeys nearing me —
false smiles on display:
I meet you,
moved by pity,
in my foolish days of sorrow.
Though I would have good reasons,
to you I shall never devote
wakeful nights
and troublesome dawns.
Unknown to you, I breathe the love
of many true friends.
In this chest there beats, shameless,
something nonexistent for you:
a man's heart.

Dammi i tuoi occhi

Lettore: non imprigionare
l'anima di questi scritti
fra i libri mai letti,
non sotterrare questi versi
sui pregiati legni
del tuo ricco studio.
Ho bisogno dei tuoi occhi,
del tuo cuore d'uomo
per regalarti il mio
che in ogni pagina ti cerca.

Senza vergogna

I cani del mio paese
guardinghi nascondevano ossi
ringhiando e scavando qua e là.
I cani di questo paese
(a dire la verità le cagne)
guardinghe nascondono malignità
ferendo senza vergogna
il cuore di uno come me.

Lend Me Your Eyes

Reader: do not confine
these writings' essence
among the books you never read.
Do not bury these verses
in the precious shelves
of your luxury study.
I need your eyes,
your human heart,
to give you mine,
seeking you on each page.

Without Shame

In my country dogs,
watchful, hid their bones
growling and digging about.
In this country dogs
watchfully hide malice,
shamelessly wounding
the heart of someone like me.

Come il lampo

Come il lampo
coglie all'improvviso
il tepore della sera
e la trafigge:
così le tue carezze
sulla mia pelle
donna amante.

As the Lightning

As the lightning
suddenly strikes
upon the warm twilight
and stabs it:
so does your touch
upon my skin,
my woman and lover.

Una zingara

Il fruscìo delle argentee foglie
dei pioppi vestite di rugiada
ricuciva la mia solitudine.
Sotto il ponte del fiume Ete,
lungo l'argine largo dalla secca
gli zingari cantavano nenie
dietro melodiosi violini e fisarmoniche.
Non trovai parole quando rapida
una zingara mi prese la mano
incantato com'ero a quardar viole:
— Ragazzo-signore dammi due lire,
ti leggerò il futuro sulla mano
a racconterò i tuoi incontri d'uomo,
aiuta questa zingara che ha fame.

Conoscerai città e nuove terre
portando fanciullo i tuoi castelli
che sempre sogni quasi ogni notte.
Porrai l'inchiostro del tuo animo
sui quaderni bianchi, sui libri,
parlerai d'amore e di dolore e
si smaglieranno pensieri che raccatti
dal tuo cuore che ama il silenzio.

Tacque. Come mozzata avesse la parola,
ricacciò la mano imbrunita
sull'ampia sottana a pieghe fitte,
sfregò l'anello d'oro e corallo
mormorò parole che si perdevano
col suono delle foglie dei pioppi.

A Gypsy Woman

The rustle of poplars'
silvery leaves, bedewed,
soothed my loneliness.
Under the bridge on the river Ete,
along the drought-widened bank,
the gypsies chanted their songs
with melodious fiddles and accordions.
I was left wordless by a gypsy woman
who swiftly grabbed my hand
while I was lost in gazing at pansies:
"Big boy, sir, give me a dollar,
I will read the future in your palm.
I will tell your fortune as a man.
Help this gypsy woman who is hungry.

"My young man, you will know cities
and new land bearing the castles
you have been dreaming of at night.
You will pour the ink of your soul
on white sheets and books.
You will speak of love and sorrow;
thoughts will slip through the mesh of your mind
to sound in your silence-loving heart."

She hushed. As if her speech were cut.
She sank her sunburnt hand
in the ample pleated skirt
and rubbed a gold and coral ring.
She muttered words that waned
in the noise of poplar leaves.

— No ragazzo; non voglio le tue lire,
troppo chiaro è il dolore che leggo
sulla mano e già domani sarà grande!

Questa voglia

È nata quando
non avevo più nulla
da dare o ricevere.
È nata sulle rovine
di una vita tenuta su
quasi per dovere,
per pudore, per rabbia.
È nata lentamente,
sofferta ogni notte
questa voglia maledetta
di sentirti mia; morte
che sai di libertà.

"No boy, I don't want your pennies.
Too clear is the sorrow I read
in your hand. It will be deep tomorrow."

This Yearning

It loomed
when I had nothing more
to give or take.
It loomed on the ruins
of a life patched up
almost out of duty,
restraint, rage.
It loomed slowly,
mulled over every night,
this damned yearning
for feeling you mine: death
tasting of liberty.

L'estate di due città

Anche quest'oggi
i colori si ingrigiano
di spume che allattano
il cielo di Vancouver,
dirimpetto a casa mia
il monte veste d'autunno
nascosta ha la cima.
Dagli alti pini lontani
velate ombre verticali:
da ieri il primo segno
di questo strano autunno
nato sul finire d'agosto.
Già alle prime luci dell'alba
confetti di ghiaccio sfuriavano
imbiancando capricciosi l'asfalto.

Blacky, la vecchia gatta,
si annoiava sentirmi brontolare
rannicchiata vicino al focolare.
A quest'ora a Fermo il sole
affanna il passo a chiunque
e annichilisce estenuate mense.
Si va sudando per la strada
con la pelle abbronzata
vestiti di qualche scampolo.
La gramigna qui è sempreverde,
d'agosto a Fermo sono riarse
le piccole chiazze d'erba limoncina.

Summer in Two Cities

Even today
the colors grizzle
in foam that makes
Vancouver's sky milky.
Opposite my house
the mount puts on autumn clothing,
hides its summit.
From the tall pines, far off,
shadows are long and pale.
Yesterday the initial sign
of this unlikely fall
started in late August.
At the first light of dawn
ice-confections were in rage,
capriciously whitened the asphalt.

Blacky, our old cat,
curled up by the hearth,
annoyed by my nagging.
In Fermo, at this hour, the sun
leadens everybody's gait,
annihilates exhausted meals.
People sweat on the streets,
skin tanned, sparingly dressed.
Couch grass is evergreen here.
At Fermo, in August, parched
are the little spots of lemon-vervain.

Ancora Natale

Ancora una notte di neve
passa e va incontro a Natale;
e mi si scanna la voglia
di viverlo; ancora un altro.
M'inseguono pieni di lacrime
occhi allucinati dalla fame
che non conoscono abeti verdi,
vetrine illuminate, addobbi:
con un filo di coraggio
tendono scheletriche mani
per vivere ancora un giorno,
pesano sulla mia coscienza,
sul mio spreco giornaliero.

Cristo, non ho dimenticato
i chiodi della tua croce
la tua povertà e l'amore,
anche se i ninnoli luminosi
di quest'albero costoso
drogano le mie ore di vita.
Lo smalto dei ricordi in nuvole
colorano quell'anno del quaranta,
vicino al focolare in cucina —
dolce pane dell'anima —
un piccolo e povero presepe,
sotto la scorza di quercia
fra veluttina e rametti
figure di gesso a noi care.
I nostri regali sulla cartapaglia,
arance, noci, uva e fichi secchi.

Christmas Again

One more night of snow
carries us to Christmas.
I cannot curb the yearning
to relish it, once more.
Tearful, hunger-stricken eyes
pursue me, they know nothing
of green decorated firs
or lighted show windows.
With an ounce of courage,
they stretch their skeletal hands
to live one more day.
They weigh heavy on my conscience,
my daily squandering.

Christ, I have not forgotten
the nails of your cross,
your love, your poverty,
despite the lustrous trinkets
of that expensive tree
which numbs this life of mine.
The cloudy enamel of memories
colors that one year of the forties:
near the kitchen stove —
sweet bread for the soul—
there lay a poor little crèche.
Under the oaken bark,
amidst the moss and sprigs,
revered plaster figurines.
There, on the strawboard, our presents:
oranges, walnuts, raisins, dried figs.

Per distrarmi

Sui sogni ormai falliti
coloro il passato
di nere lettere sulla carta
(e mi domando perchè).
Straccio le ultime parole
d'un dettato già vissuto.
Resto con l'illusione
di avere avuto tanto.

Just to Relax

My dreams lost,
I color my past
with black letters on paper
(and keep asking why).
I rend the last words
of my lived-down dictation.
I remain with the illusion
that I was given so much.

Amici di Fermo

Memo, Corradino, Innocenzo,
voi che conoscete perfino
il midollo delle vecchie mura
di questa nostra città
ogni pietra della lunga Via
degli Aceti, un pò fuori mano
come Via Perpenti, Via Garibaldi,
voi non avete conosciuto
lo sputo amaro sulle mani logore
dalla fatica di tante forge,
o carrette di altri paesi
che hanno sfinito questa carne.
Voi masticate il vero pane
nella realtà dei giorni
che nascono e che muoiono,
mi domandate — come che le parole
non vogliano pronunciarsi:
— Romano hai mai nostalgia?
Ed ecco i miei occhi cercare
la muffa nascosta negli angoli
remoti di un muro qalsiasi.
La nostalgia è quella muffa
che stava sulla casa a ponente,
il tremare sotto fiocchi di neve,
le brocche di coccio, gli sfogli,
i tazzoni di cicoria di campo
e l'incredibile fede di allora.
La nostalgia? Perdonate questo pianto
(un bimbo di passaggio s'incanta alle mie improvvise

Friends from Fermo

Memo, Corradino, Innocenzo,
you who befriended
even the pith of the old walls
in this hometown of ours,
each and every stone on the long
Via degli Aceti, a little far away
like Via Perpenti and Via Garibaldi.
You know nothing
of bitter spit on hands
wearied by toil in many forges,
nor of burdens in alien countries
that wore out my flesh.
You who feast on real bread
on alternating days
which come to life and die,
ask me (with nearly
unutterable words):
"Do you ever feel homesick, Romano?"
Promptly my eyes would start
scanning a wall's remote corners,
in search of moulds scarcely visible.
Nostalgia are the moulds
in that house facing west;
the shivering in the snow,
the crockery, the pallets,
mugs filled with chicory brew,
the incredible faith of then.
Homesick? Pardon my weeping
(a passing child is spellbound
and gapes at my abrupt tears;

lacrime, bello quel fanciullo che mi guarda, le stesse
gambe storte, ferite, sporche, gli stessi capelli neri
arruffati, identici occhi castani che spaziano)
ma la ferita è aperta e profonda.

E dirvi che ho portato sul sangue
tutti i vicoli bollati di povertà
le mura, le strade della nostra città
come l'accattone i suoi stracci.
Ho di questa amata gente la carezza
incancellabile inchiodata sul cuore,
e la nostra Campoleggio, martella
incessante le notti d'emigrante.
(È questo fanciullo che mi ricorda, imbambolato
dal mio pianto, quello che gridava con fionda e sassi
sulla mano, mia la strada, la terra ogni cosa.)
Sei tu Memo di Campoleggio mio poeta,
tu amico gentile Corradino, tu Massimo,
e tu Innocenzo amico appena incontrato
e già vecchio sul mio cuore, e tu
Emilio di Santa Caterina che masticavi
con grosso appetito lo stesso mio pane,
che avete scolpito profonde immagini
sulla croce dei miei giorni lontani;
voi con le strette di mano, gli addii.
Amici credetemi, in un giorno di sole
questa mano secca, martellata dal sangue
più amaro, batterà sull'uscio di casa,
apritemi come mi avete aperto il cuore,
tornerò per voi per il nostro sole.
Ci aspetta Emilio di Via Corsica,
un'altra bottiglia di Rosso Piceno,
una chiacchierata sotto la pergola

my ill-shaped, bruised, dirty legs,
my same dishevelled, raven hair,
identical brown, wandering eyes)
but the wound is still open and deep.

And to think that I bore in my blood
all the alleys branded with poverty,
the streets, the walls of our town,
like a beggar his rags.
Indelible, my beloved people's caress
is riveted to my heart,
as our Campoleggio keeps on striking
incessantly an emigrant's nights.
(This boy bewildered by my crying reminds me
of he who hollered, sling-shot and stones
in hand: "Mine the road! The land! Mine all
    things!")
It is you Memo of Campoleggio, my poet;
you gentle friend, Corradino; you, Massimo;
and you, Innocenzo, newly-met friend,
yet old in my bosom; and you,
Emilio of Santa Caterina who chewed
so hungrily the same bread;
you all have carved deep figures
on the Cross of my days far away;
you with your hand-shakings and farewells.
Friends, believe me! On a sunny day
this dry hand, pounded by more bitter
blood, will knock at the doors of your houses.
Won't you open up as you opened your hearts?
For you I will come back, for our sun.
On Via Corsica Emilio awaits us
one more bottle of *Rosso Piceno*,

55

di Don Achille Corradini, uomo saggio
che forse amerei come ho amato mio padre.

Lettera a Carlo e Claudio

Addio Carlo, addio Claudia
sono tornati ancora gli stessi
(come amanti notturne al loro angolo)
giorni di tute blu di cartellini
da timbrare alle sette e trenta.
Cielo sporco di capriate arrugginite,
merletti uniformi di ferro
ingrigito dal fumo delle saldatrici.
Su questo cielo d'acciaio le gru
altalenano spezzoni di lamiere,
su questo vivaio di sudore
spendo la ricchezza dei giorni.
Luci al neon martellano tempie,
affossato sulla ferraglia abbraccio
geloso i dieci minuti di pausa
per raccontarmi le vostre parole.
Disumana è la spesa delle forze
che riverso sui manufatti finiti,
il braccio sporco e dolente
porta via semi di pomodoro sulle
labbra che non pronunciano parole.
Miei cari: breve è stato l'incontro,
ma era già scritta la scadenza
del vostro sorriso sul mio cuore.

another chat under the pergola
of Don Achille Corradini, a shrewd man,
whom I could love as I loved my father.

Letter to Claudia and Carlo

Good-bye Claudia, good-bye Carlo.
Again identical have returned
(as street-walkers to their corners)
days of blue coveralls and cards
to be machine-stamped at seven-thirty.
The sky is stained with rusty trusses,
a uniform lace of iron
grayed by the smoke of flash welders.
In this steel sky cranes
swing plates of tin;
in this sweating hothouse
I spend the richness of my days.
Neon lights pound on temples.
Entrenched in the scraps,
I cling, jealous, to a ten-minute break
and repeat your words to myself.
I spend my strength inhumanly
finishing merchandise.
Dirty and aching, I wipe with my arm
the tomato seeds from lips
that cannot utter words.
My dear friends: our encounter was brief,
but inevitable the trace
of your smiles on my heart.

All'amico Nino

Tu vivi nel giardino
della nostra sud-Italia
e ti sazi del mattino
che trova il tuo respiro
dopo assonnata notte.
—L'avevo anche a casa mia.

Scalzo incidi sulla riva
bianca di salsedine
e di conchiglie morte
note con leggero passo.
Abbracci in un respiro
sole, mare e profumo
di ogni colorato fiore.

Nino, sono accanto al focolare
e consumo le ultime ore
di questa fredda notte
che mi ha portato settembre;
e sogno rive e gabbiani,
leggendo, per cancellare
il bruciore dal cuore,
il tuo quaderno di poesie.

To My Friend, Nino

You inhabit the garden
— I once had such a garden—
in this southern part of Italy,
cloyed by the morning
that finds you breathing
after a sleepy night.

You leave barefoot the marks
of a light gait on the shore
whitened by salt and dead shells.
In only one breath
you embrace the sun, the sea,
the scent of every colored flower.

Nino, I am next to the hearth,
consuming the last hours
of this cold night
September has brought me.
I dream of shores and seagulls.
And to quiet the fire
in my heart I read
your book of poems.

Dove tu non ci sei più

Ancora un'altra stagione
sul suono delle foglie
che calpesto, che macerano
sotto il mio piede, è passata.
È passata come quell'estate
così breve, così grigia
rotta dai giorni di pioggia.
Lassù è tornata la neve
a imbiancare pini sempreverdi.
Risento la tua voce allegra
perdersi fra i biancospini,
i tuoi passi sulla riva sporca
di alghe color bottiglia.
Passerà anche questa sera
così dura come lo scoglio.
Volano le ultime chiassose anatre
e lontano il latrare di un cane.
A farmi compagnia questi ricordi.

Where You No Longer Are

Yet another season
of rotting leaves
sounds under my passing feet.
Gone like the summer,
ephemeral and gray,
disrupted by rainy days.
Snow reappears there
and whitens the evergreens.
I conjure your merry voice
fading in the hawthorns,
your steps on the sand
darkened by bottle-green algae.
This evening hard
as a rock will pass as well.
Flying past the last loud duck,
past the distant barking dog.
Now these images keep me company.

Questa Olivetti

Si slega l'idea
vogliosa di una poesia...
Le parole restano
sul catrame del pensiero.
Raccatto il desiderio
che martella dentro
per non gettarlo via:
ma questa Olivetti tace
il suo lento battere.

Grazie

Ho deposto
queste lacrime
sullo scrigno
del tuo sorriso.
Vanno fra i fiori
raccolti di sera
le mie parole
che vogliono dirti
grazie.

My Olivetti

A poem unleashes
a feeling of lust...
The words remain
stuck in the tar of thought.
I hold desire
pounding inside,
unwilling to waste it:
the Olivetti hushes
its own slow ticking.

Thank You

I locked
my tears
in the coffer
of your smile.
With the flowers
gathered at night
there go my words
meant to say:
Thank you.

63

Occhi azzurri

Un vento leggero
di libeccio s'ingola
sui filari sparsi
di robusti lecci.
Mi chiami arrossendo,
io nascondo vergogna
per i miei quindici anni,
poi ti dissi:
Dove corri occhi azzurri?
Alla tua voce ho risposto.
Anche oggi donna mia,
oggi, a cinquant'anni.

Blue Eyes

A gentle southwesterly breeze
funnels through the sparse
rows of stern holm oaks.
Blushing, you call me.
I bashfully conceal
my fifteen years of being.
Then I asked you:
Where are you running to, Blue Eyes?
I did answer your call then.
As I do today, my woman,
at fifty.

L'indovina

Mi rivolgo a quella
dannata sfera di cristallo
che tenevi sulle mani,
alle sue visioni ciarlatane
che per bocca di zingara
mi rubarono la realtà.
Ah vederti rompere domani:
riscatterei ogni raggiro
in un miracolo di verità.

Cosa diresti tu?

Di domani non so,
oggi l'ho passato così.
Ieri? Cosa diresti tu?

Dilemma crivellato
nella memoria.

Soothsayer

I am talking
to that damned crystal ball
you once held in your hands,
to its quack visions, gypsy,
that sprung from your mouth,
stealing reality from me.
Ah, to see it broken tomorrow!
I would redeem every trick
in a miracle of truth.

What Would You Say?

Tomorrow I do not know.
Today I spent it so-so.
Yesterday? What would you say?

A dilemma
in my wounded memory.

Fiori di campo

Lasciasti la mia mano —
paurosa della vita —
con distacco di madre.
L'ho aperta agli uomini
incontrati su ogni strada
con gioia e trasporto,
...altre mani a cui credere
della mia stessa innocenza.

Mi rimangono fiori di carta
per le vigliaccherie avute
in tanti anni spesi.
Quelli di campo, multicolori,
che ci piacevano tanto,
sbocceranno sopra le nostre
tombe, che saranno sui sassi.

Wild Flowers

You let go my hand
fearful of life,
with motherly detachment.
I opened it to men
encountered on the way
in joy and belief.
...Other hands in which to put my trust,
made of the same innocence.

After so many years,
abuses, paper flowers
are all that are left to me.
The wild multicolored flowers
we liked so much
will bloom on the cobbles
that will become our tombs.

Uomo di Dio

Sono state le sirene
degli allarmi notturni
ossessionanti lance acute
a darmi ombre di paura.

Sono stati i baci le carezze
dei miei amati vecchi
a spegnermi fuochi ribelli.

Sono stati i fiori deposti
sugli infioccati carri funebri,
lo scalpitare delle pariglie
a darmi coraggio e carità.

È stato il pane nero
ad addolcire ogni amarezza
e questa voglia nata fertile
a levarmi ogni piccolo sfizio.

Sono state queste poesie,
queste confessioni, nate
sul sangue di una innocenza,
a dirmi che sono uomo di Dio.

Man of God

It was the howling of sirens
at night, air-raid warnings,
obsessive, sharp knives
that cast shades of fear on me.

It was the cuddling and kissing
of my old folks
that quenched my fires of rebellion.

It was the flowers I laid
on decorated hearses,
the pawing of coupled horses
that infused me with courage and pity.

It was the black bread
that sweetened my bitterness
and fertile fantasy,
that fulfilled my little cravings.

It was these poems,
confessions born
out of innocent blood,
that told me I am a man of God.

Vecchio diario

Su un vecchio diario
sbiadito dal tempo
questa notte mi leggo
ferito dalla noia
che spesso m'accompagna.

Proverò a scoprire
ingannando le ombre
della stanza granitica
col primo sole domani
la sua lontana matrice.

Sulle pagine placcate
di vecchiume, di gridi,
di amicizia e felicità,
malandata penna hai scritto
tutto quel poco dire
scucendo gramaglie dorate.

Appena ieri questi versi:
oggi, più non li leggo
col cuore pieno di allora,
tento di assaporare briciole
di un passato di sorrisi
ma l'inchiostro non ha colore.

Old Diary

Troubled by boredom,
my tireless companion,
I read myself tonight
from an old,
faded diary.

I will try to discover
its forgotten sources
by deceiving the shadows
on granite walls
at daybreak tomorrow.

On pages marked
with memories, yammers,
friendships, ecstasies,
a wrecked pen scribbled —
gnawing on golden deaths —
the little it had to say.

Just yesterday these verses:
But now I read them no more.
With a heart full of history
I attempt to relish the crumbs
of the smiling past
but the ink has no color.

Parole

È forte il tuono questa sera
la pioggia scroscia incessante,
batte la verticale dei vetri
e spegne la voce che azzardi.
Le tue favole si perdono
in spirali di menzone, di rumori.
Il fulmine aggiorna un'eternità
le cose che abbiamo attorno,
le nostre maschere non recitano
commedie, per ingannare il tempo.
La povertà delle parole chiuse
che vorremmo pronunciare e che
per l'infrattarsi del pensiero
non diciamo, scappano frustate,
senza pudore, dalla bocca dal cuore
e vanno perdute in lontananza,
dove nè io nè tu più afferriamo.

Words

Loud thunder tonight,
and the rain pelts down, ceaseless.
Its vertical beating on the panes
deadens the speaking voice.
Our fables fade away
in spirals of lies and rumors.
For suspended moments
lightning brightens
the things around us.
Our masks play no comedies
staged to pass the time.
The poverty of closed words
we wish we had uttered
could not be let free
in the entanglement of thought.
Shameless whips escape from
the mouth and heart and melt
into the distance
beyond my grasp and yours.

Persiane chiuse

Un anonimo marciapiede
sa dei tuoi nervosi passi
delle sigarette bruciate
in spirali di fumo e d'attesa,
spari un prezzo una tariffa.
Umiliante per un angelo
e il grasso idiota gode
il nitore del tuo corpo.
A faccia di luna batti tacchi
sull'asfalto schiarito.
Nulla può il sole
sulle persiane chiuse,
sul cuore che non apri.

Closed Shutters

A nameless sidewalk
knows your frantic walking,
your cigarettes exhausted
in spirals of smoke and waiting.
You shoot out a price, your fee.
Quite debasing for an angel:
the fat jerk digs into
your glamourous body.
Your heels resound
on the moonlit pavement.
The sun is helpless
on closed shutters,
on the heart that will never love.

Il contadino

Stava sopra l'aratro
all'alba che rifulge
di un nuovo giorno
dell'autunno un mese.
Bruciava sul petto scarno
ansia e stanco respiro,
duro pane quello arato
contadino che vesti stracci.
Dalle rimosse zolle
si affacciano in righe
dritte quasi per magia,
ettari di fondo lavorato.
Pago di tanti sudati disegni
chino ti trastulli sull'aia
affilando la rugginosa falce
pronta per giugno a tagliare.

The Farmer

He works his plough at dawn,
the glittering new day
of one autumnal month.
His lean chest pants
out of fret and fatigue:
farmer clothed in rags,
how hard to plough for your bread.
Acres of furrowed land
reveal rows of fresh-dug clods
straightened as by magic.
Pleased with so many hard-drawn lines,
you squat on the threshold,
sharpening a rusty sickle
for the harvest in June.

Un fiore giallo

Non regalarmi lacrime,
raccogli un fiore giallo.
Non costa fatica,
sarò felice se non profuma,
avrò delle tue mani
il profumo più intenso
da portarmi via.

A Yellow Flower

Do not offer me tears,
gather a yellow flower.
It takes so little effort.
I will still be happy
if it has no scent.
Your hands are the more intense fragrance
I shall take with me.

Antico paese

Ti sento scorrermi caldo
nelle vene antico paese,
di tante città gonfio
ho il cuore,
arso d'una sete di te.
Un maglio batte dentro
infinita amarezza,
domani forse mi sazierò
questa calda voglia
sulle tue vecchie strade,
mi disseterò con un bacio
al mascherone di fontana.
Già questa notte godo
dell'insonnia pensandoti.

Old Town

I can feel your warmth, old town,
running through my veins;
my heart swollen
with many cities,
and parched, longs for you.
Borderless bitterness pounds
inside me like a mallet.
Perhaps tomorrow I will satiate
this burning desire
on your old streets,
quench my thirst in a kiss
from the stone face of the fountain.
I think of you, and insomnia
is delightful tonight.

Sul tuo volto

Sul tuo volto felice
di donna e di madre
cancellerei dolore
tesserei ragne e ragne
con filo d'amore
per catturare
volo di fringuello
e farlo cantare
sul tuo cuore di donna
di madre.

On Your Face

I should wipe the sorrow
from your radiant face
of woman and mother,
weave countless webs
with the threads of love,
and capture a finch
in its flight and have
it sing in your heart
of woman and mother.

Autunno

Parlo d'un mattino d'ottobre
dei grandi silenzi dell'ovest
quando ti scoppia una voglia matta
di solitudine, fra piante spoglie
cornice triste d'un quadro d'autunno,
solo, per non ascoltare pietà.
Tastiere di passi rotti dal vento
e dalle rumorose acque d'un torrente
che scende dall'erta scarpata.
Sull'imbrinata gramigna vendo le mie
prime ore di un'alba nebbiosa
camminando tra odori di ragia,
tutto sta morendo sotto i piedi.
Vorrei trovare allegre rive, pace,
dopo una notte che non ti dico.
Gabbiani s'involano dentro mare
sfiorando veloci onde a cremagliera.
Staglia lento le acque un bastimento
a pochi nodi rumoroso rotta sul molo
suonando sirene a ritmo che stanca
cercando spazio sulle radenti nebbie.
Mi cade ogni pagina di pensieri
di un diario che non scrivo, che freddo.
La notte polare ha indurito sabbie,
scricchiolano conchiglie e alghe
sulle suole che affretto già stanco.

Autumn

I speak of a morning in October,
of great silences in the West
when a desperate longing for solitude
overwhelms in bare trees —
sad frame for a fall picture—
alone, not to hear a pitiful voice.
Chords of steps broken by wind
and clamorous streams rushing
down the steep cliff.
On the frost-clad quitch I squander
my first hours in a foggy dawn
wandering in the odors of resin:
all dies under my feet.
I wish I had found happy shores, peace,
after this night I cannot describe.
Seagulls fly into the ocean,
grazing the white-ridged waves.
A steamer cuts slowly through the water,
noisy, pier-bound, blowing its tiresome horn,
at only a few knots making its way
into the hanging mists.
I let drop every page of thought
in an unwritten diary. The cold.
The polar night hardens the sand,
and the algae and shells creak
as I take to my heels, tired.

Dolore

Larva di sorriso
e solchi di dolore
in angoli retti profondi
sul tuo viso scavato.
Sangue di croce a stille
su questo cuore
che non sembra più mio!

Sorrow

A larval smile
and deep-furrowed angles
of sorrow
on your sunken face.
The blood of the Cross oozes
on this heart
that does not even look like mine!

Pensieri di poesia
I

Grigi cavalli di bambagia
si rincorrono nel cielo,
nuvole senza direzione
rapiscono pensieri di poesia
mentre lentamente piove.
Non mi resta che riposare
su quel luogo evanescente
e andare laddove il vento
mi ritornerà voci care
per parlare di te poesia.

Finalmente cessa la pioggia...

II

Si vede uno strappo d'azzurro
sul cielo imbrattato di piombo
anche le rose allargano petali
e dove l'ulivo è a filare
si distente la biscia al sole.
I rovi s'infittiscono sul verde
delle fratte imperlati di gocce.
Un bimbo mi sollecita al gioco
dei castelli di sabbia ancora
umida, non sa dei miei castelli
fatti, sognati e distrutti e che
non ho più una briciola di fantasia.

Thoughts of Poetry
I

Gray, vapour horses
chase one another
in the sky. Disoriented clouds
snatch away thoughts of poetry
in the slow falling rain.
I have no choice but to rest
on that evanescent site
and go where tne wind
carries back dear voices
to speak of you, poetry.

The rain ceases, at last...

II

In the lead-stained sky
finally a rift of blue.
Roses spread their petals.
And in the symmetry of the olive-grove
a snake stretches in the sun.
Amidst the drop-beaded green
thorny bushes thicken.
A child waits to make
castles in the warm sand.
He knows nothing of the castles
I have built, dreamt of or destroyed.
Nor of my being devoid of dreams.

III

Mi danzano irrequiete
su queste rive sporche
di rifiuti e di salsedine
larve, immagini d'incubi.
Un acciottolare rapido
di sassi conchiglie e alghe
orchestra suoni e voci
e luci lontane mascherano
questi passi in solitudine.
La rena si scava disegni
nell'andirivieni dell'onda
che ara suoni e parole.
Festoso concerto d'immagini
s'infrange spumoso sulla pietra
grigia nei chiaroscuri della sera
compondendo figure lontane.
Questo vecchio cuore tenta
un disperato appello, chiama
rive di acque azzurre,
quel punteggiare lontano
di lampare all'orizzonte,
una pineta e calda sabbia d'oro.

III

On this shore stained
with dregs and salt pools,
restless nightmares
dance like larvae before my eyes.
A rapid clattering
of pebbles, shells, and algae
orchestrates sounds and voices,
as far lights mask
my lonely gait.
Sand patterns engraved
by alternate waves
furrow sound and words.
A joyful concert of images
breaks: foaming on the rocks
darkened by incoming night
turn into amorphous figures.
My old heart ventures
on a desperate call, summons
blue shores, trawlers dotting
the distant horizon, the pine-wood
and the golden sands in the sun.

IV

La luna sembra
che appena s'invogli
d'argentare la spaggia
dopo singhiozzi di pioggia
del tardo pomeriggio.
Mi raccolgo sul tronco
ancorato oltre la riva
svestito della corteccia.
Le luci colorano orizzonti,
ingioiellano lingua di mare
che s'insena sulla città
incendiata di tanti riverberi.
Sento un profumo di paglia
nell'immaginarmi campagne.
È tardi per sognare.

IV

The moon seems
hardly tempted
to shed its shimmering light
on the sand, after snatches of rain
in the late afternoon.
I stoop down to the log cork-bared,
stranded beyond the water's edge.

Lights color the horizon,
jewel a tongue of sea
swells into the city
ablaze with lights.
I smell hay
and dream of the country.
It is too late for dreams.

V

I pensieri s'erano frantumati
sullo sballottare dell'onda
che rapida e rumorosa lavava
sassi, rena e bottiglie vuote.
Una nave da carico muoveva
e la sirena salutava in acuti
da primadonna il porto ingombro:
fece eco l'abbaiare d'un cane
i miei accidenti per l'ora tarda.
Cammino a fior di acqua e penso
altre rive, altre spiagge mentre,
sassi in riva si rincorrono
sulla bava sporca, sulle sabbie
e laggiù dove cielo e mare
si abbracciano, le ultime luci
di un tramonto che va morendo.
Riposano sullo scoglio vulcanico
le veloci ali dei gabbiani.

L'altra riva di quel lido
pescherecci con vele gagliarde
gonfie al vento salutavano:
non osavano assordare pensierosi
uomini nostalgici, leggera risacca,
anche la luna di un altro colore.

V

My thoughts had crumbled
on rapid billowing waves
that noisily washed gravel,
sand and empty bottles ashore.
A cargo ship set out,
queenly, its siren shrill,
saluting crowded wharves.
The barking of a dog echoed
my cursing for the late hour.
Now I step onto the beach, imagining
other shores and strands, while
pebbles chase one another
in the shoal water, in
the dirty foam, on the sand.
Beyond, where sky embraces sea,
the last flares of a waning sunset.
There, seagulls rest their swift
wings on volcanic rocks.

Fishing sailboats strong
and heavy in the wind saluted
the other shore of the sea.
They dared not deafen
pensive nostalgic men.
Light was the surf,
and the moon a different color.

Ragazzo etiopico

Ditelo al mondo
dei nostri occhi grandi
del nostro ventre gonfio
di fame e dalla sete.
Ditelo al mondo
che le nostre occhiaie
non hanno più lacrime
infossate a non credere.
Ditelo al mondo
senza avanzi di parole
senza sentirvi vigliacchi
della nostra morte!
Cantatelo anche voi poeti
quanto è spietato l'inferno
che viviamo dal primo pianto,
le nostre labbra bruciate
come la riarsa terra
non assaporano baci
delle nostre donne, ditelo,
ditelo al mondo del domani
senza aurora, senza pane.
Queste mani stanche
secche come canne
si stendono per chiedere
pietà di noi.
Queste mani non avranno più
volti d'accarezzare domani,
ditelo, ditelo al mondo.

Ethiopian Boy

Tell the world
about our wide eyes,
about our bellies swollen
with hunger and thirst.
Tell the world
about our eye-sockets
sunken beyond belief,
now tearless.
Tell the world
without sparing words,
without feeling cowardly
about our death.
You too, poets, write verses
on how wanton is the ordeal
we suffer from, our very birth.
Our lips as parched as our land
are deprived of the kisses
of our women. Tell, tell the world
about the dawnless
and breadless tomorrows.
Our tired hands, as gaunt
as reeds, stretch out and
beg for mercy. Tomorrow, these hands
will have no face to caress.
Tell, tell it to the world.

Lasciatemi sperare

Io un'alba ce l'avrei
se ritrovo la notte
che ci avete incendiato
per sognare un domani
di grano e di rose.
Lasciatemi sperare
con questo fiore profumato
ghermito sugli acquitrini,
con questa scatola di fragori
che mi getta la risacca.

Non fatemi vedere i fuochi
di guerra che aggiornano
colline e mare di notte.

Leave Me My Hopes

If I recovered the nights
you set on fire
I think I would have dawns
to dream of mornings
of roses and wheat.
Leave me hope,
along with the sweet-smelling flower
I picked in a swamp,
the box of sounds
the surf sends me.

At night do not let me see
the flares of war
that light up hill and sea.

Immagini

Non mi va di tuffarmi
dopo un giorno così
in un grumo d'immagini
o su vicoli semideserti
o nelle stelle questa notte.

Forse andrò sulle parole
più care o più dolorose
rimescolandomi saggezze,
è scottante il ricordo
quando vuoi dimenticare
e la notte non s'accorcia
per restituirmi il sole.

Images

I do not want to dive
after a day like this
into clotted images
or half-deserted alleys
or tonight into the stars.

I will go back perhaps
to dearer or more distressing words
and mull over old jokes.
Memories are scourging
when oblivion is sought.
The night cuts itself short
and brings me back the sun.

Soli atomici

Non potrò mai
con pensieri puliti
e con voce fraterna
trasformare l'illogica
realtà di una vita
volta in spirali di terrore,
di violenza di sangue
che si rinnova ogni giorno.

Si punì Sodoma e Gomorra;
i restanti giurarono amore.
Ma il fiore di Caino
sull'occhiello dell'uomo
chiama ancora fuoco.
Sapere domani questo sangue
cenere sulle ceneri
dai soli atomici
per capricci di potere
mi umilia e distrugge.
È poco per ogni uomo
vivere per scommessa.

Atomic Suns

I will never be able
with innocent thoughts
or brotherly voice
to transform the illogical
reality of a life
prone to spirals of terror,
violence and blood
that every day get worse.

Sodom and Gomorrah were punished,
the remainder pledged to love.
But Cain's flower in the buttonhole
of a man's jacket calls for more fire.
Devastating, shameful to expect
more bloodshed tomorrow.
Ash on ash of atomic suns
from capricious greed.
Not enough for a man
to commit his life on a bet.

Epitaffio

Chiarore d'improvvisa cometa
che si spegne lontano,
luce fioca d'una stearica
che dura appena una notte
questa irrequieta vita
ormai vicina ai fiori.
Domani pungente giorno
non avrà più ricordi
questo mio inchiostro,
per voi capricciosi *numeri*
depositari delle mie poesie.

Sfacciatamente azzardo preghiera,
per il mio epitaffio scrivete
a grandi lettere *Era uno che amava*
su una pietra scrivetelo o sul cuore.

Epitaph

This fretful life of mine
now so close to grave-flowers
resembles a comet's sudden flare
fading away or a candle's faint light
lasting only a single night.
Tomorrow, poignant day,
my colorless ink will run
out of memories and to you,
capricious numbers, depository
of my poetry, I venture
a shameless request.

For my epitaph in large letters,
write on stone or in your heart:
Here lies one who loved.

Lettera alla sorella
I

Addio sorella,
il penultimo sangue
di un altro Perticarini
domani sarà cenere,
noi siamo gli ultimi
di Luigi e Vittoria.
ed io sono stanco
di aspettare morendo.
A te lascio le stagioni,
la primavera che ami
i suoi fiori la sua luce.
Conto che il pettine
raccolga il bianco
dei tuoi capelli
per tanto tempo ancora.
Eri la prima femmina,
la sola di quattro figli
che hanno camminato lontano:
e tu lontana dal dolore.

Letter to My Sister
I

Fare you well, dear sister,
penultimate offspring
of the Petricarini stock.
Tomorrow all will be ash,
you and I, the last children
of Vittoria and Luigi.
I am so weary of waiting death.
To you I leave the seasons,
the spring season you love,
its flowers and light.
I hope your comb
will gather the white of your hair
for much longer still.
You, the first and only daughter
of four children, have ventured
so far; you are far from sorrow.

II

Addio sorella,
è giusto che stracci
questa stanchezza,
che butti via
Dio e dolore.
Avevo sangue di fuoco...
anch'esso in cenere,
non serve amare tanto.
Ho girato l'angolo
e la strada è soltanto
un budello che s'accorcia,
non vedo più chi m'appartiene
e che cosa e perchè.
Ho provato a riordinare,
sotto la scorza del dolore,
la maledetta radice di vita.
Sono stato l'avvocato
del mio cuore assassinato
e ho perduto senza menar parola.

II

Fare you well, dear sister.
It is only fair I tear up
my weariness and get rid
of God and pain.
I had fire in my blood,
but that too is ash.
No point in loving so much!
I turned the corner
and the road is a ribbon
growing shorter and shorter.
I no longer see my belongs,
my *whys* or *wherefores*.
Beneath this skin of sorrow
I tried to put order
in the damned roots of life.
I was the advocate
of a murdered heart
and lost without spending a word.

Omar Karim

Mi batte ancora il suo nome
sul cuore che lo ricorda:
Omar Karim, di Tripoli credo.
L'ho conosciuto una sera
di fine settembre in un bar
quasi in riva alla spiaggia
sorpreso dalla pelle olivastra
e dalla sua bocca d'ebano
che ingoiava birra e piangeva
strapazzando una bottiglia
tra le dita stranamente bianche
di uno che non ha mai lavorato.
Mi guardò con occhi di fuoco
come si guarda un appestato,
poi, testardi, facemmo amicizia,
a due come noi non servono
presentazioni di seconda mano,
ci basta un *perdio*, un *ciao*...

—Mi chiamo Omar Karim, disse,
siediti e ascolta il canto del mare
in questo tavolo tutto per noi,
questa sera godo della risacca
pensando al mio mare lontano
quando di sera a settembre il velluto
delle acque azzurre veste la spiaggia.
Vengo da un paese dove si muore
prima ancora di nascere;
dove le bombe si portano in tasca
e le cartucciere a tracolla;

Omar Karim

His name still beats
in my remembering heart:
Omar Karim, from Tripoli I believe.
I met him one night
in late September in a bar
on the beach and was startled
by his olive complexion
and ebony mouth
gulping down beer; he wept
while his fingers, like those
of a man who has never worked,
ill-treated a bottle.
He gave me a fierce look
as he might at an infected person.
Then stubbornly we made friends.
People like us do not need
second-rate introductions.
A *goddamit* and a *hello* suffice.

"My name's Omar Karim," he said.
"Sit down at this table set for us
and listen to the singing sea.
Tonight I am enjoying the surf
and think of the sea I left behind.
I remember how on September nights
the blue velvety water
covered up the sand.
I am from a country where people
die before they are born,
where grenades are carried in pockets

da un paese dove non raccontano più
le favole di mille e una notte;
dove bocche di mamme indurite
sanno di guerra, di vendetta.
Non ricordo quando queste mani
hanno raccolto fiori di campo
bacche di siepe o fatto carezze,
tanto n'è passato di tempo.

—Omar Karim? Domanda fredda,
nella sera che cede alla notte,
fa minaccioso un poliziotto
che spezza l'incanto del racconto,
mi segua per favore...no, lei no.

—Addio amico, solo uno come te
gonfio di amarezze giganti
poteva sedersi al mio tavolo
senza paura di morire di noia.
Sono fuggito dal mio sole avaro
che arde terra devastata, violentata
da avvoltoi che covano bombe,
da quella prigione giornaliera
per trovare altrove rivolo di pace.
Mi sono dissetato d'amore e di vita
in questo vostro paese così gaio:
un tempo lo era anche il mio.
Addio amico, ricordati quest'onda
che s'infrange questa sera, ricordati
questo mio nome che non si cancella,
Omar Karim cercatore di pace
che vive nell'idiozia di trovarla;

and cartridges are worn like belts,
where the stories of a thousand
and one nights can no longer be heard,
where the mouths of hardened mothers
have the taste of revenge and war.
I do not recall when these hands
last plucked wild flowers, or
bush berries, or gave a caress.
All this happened so long ago.

"Omar Karim?" The chilly question
in evening yielding to night
is asked threateningly by the police,
and breaks the spell of his story.
"Follow me, please...No, *you* can stay!"
"Farewell, my friend. Only one like you,
filled with such bitterness,
could have sat at my table
unafraid of being bored to death.
I escaped from a stinging sun
which scorched the devastated land,
ravaged by vultures that went planting bombs,
I escape from a prison every day
and seek anywhere a stream of peace.
I drank from the font of love and life
in this happy country of yours.
So was mine once.
Farewell, my friend. Do not forget
these waves which break tonight.
Remember my name that will not be erased.
Omar Karim, peace-seeker,
foolishly hoping to attain it,
is regarded suspiciously by all police,

sospettato da tutte le polizie
allontanato per questo colore olivastro
da bianchi cittadini, come bastardo.

M'afferrò la mano nell'ultimo addio
quardandomi con occhi d'innocenza;
stranamente mi sento contento
di questo unico e fugace incontro,
andrò oltre il mare per raccontarlo
e dirò forte che un amico di sera
ha guardato profondo nel cuore
e non il colore della sua pelle,
disse tremante lasciandomi la mano.

Arrivederci Omar, coraggio!
Puntiamo tutto, anche la vita,
per quando le frontiere parleranno
una sola lingua, una sola libertà:
strade di uomini senza reticolati
ricostruiremo col nostro sangue.

Se ne andarono quando il mare forte
brontolava tristezza sugli scogli
e sulla riva devastata dalle onde
schiumate dal vento d'occidente.
Tardi mi accorsi che la mano
stringeva stranamente un fiore.

Omar ti ritroverò fra le macerie
di questa nostra vita violentata
per restituirti fiori e amicizia
per parlarti d'una sera di settembre
quando l'amore sarà per tutti noi
la sentinella della meritata vita.

shunned for his olive complexion
by white law-abiders, called a bastard."

He shook my hand in farewell
and gave me a look of innocence.
"Strangely enough, I feel happy
about this only brief encounter.
I will travel the seas to tell about it.
I will speak clearly and loudly
about how a friend one night
looked into my heart,
and not the color of my skin."
He released my hand after he had spoken.

Good-bye, Omar. Take heart!
Let us all bet our lives
that one day we will see
a world of one tongue and freedom,
human roads without borders,
paved with our blood.

They went away when the sea grumbled
its sadness over the cliff
and the wave-swept shore
foamed in the westerly wind.
Too late I perceive
that Omar's hand held a flower.

I will find you again, Omar,
in the rumble of our ravished lives
and give you back flowers and friendship
and talk about a September night
when love will be for us all
the guardian of a worthy existence.

Il vecchio e la lucertola

Ancora la lucertola
sullo squarcio profondo
del torrione antico
s'affaccia cauta al sole.
Il vecchio pescatore
lento mastica tabacco
e il mare laggiù
piatto fa bonaccia.
Centra con lo sputo
il rettile che si rintana
senza ascoltare il riso
del vecchio che s'impettisce
di tanta bravura.

The Old Man and the Lizard

Once more the lizard,
from the deep chink
in the crumbly tower,
warily peeps at the sun.
The old fisherman
laggardly chews his quid.
In this distance, the sea is
at a standstill.
His spit hits the lizard
dead on. The beast retreats
without heeding the laugh
of the old man, proud
of so skillful a feat.

Vecchia casa
(Stracci storici di periferia)

Chiusa dai muri più alti
vecchia casa ancora mostri
l'intonaco dipinto a chiazze,
ferito da muffe striate;
misero scialbo ricamato di povertà.
Non aveva vergogna quella sfacciata
di mostrare finestre di cartone
e davanzali di gerani appassiti.
Poco distante, sull'impianata,
quasi per civetteria o ironia,
una chiesetta linda e lustra
intonacata di fresca calcina
e con lance di ferro battuto
e terrazzo, cancelli e croci.
S'affollava al mattino presto
quando la campana, vecchia non so,
sciolto l'argenteo suono, calava
a ritmo i rintocchi per il borgo,
entrando sulle porte spalancate.
Un carrettiere imbrigliava l'asino
ciccando e seminando madonne a fiotti:
—Tieni ferme le stanghe tu perdio,
urlava bavoso al ragazzo che l'aiutava,
o questa frusta segnerà le gambe,
non ti incantare al suono della campana,
la tua bocca mastica pane e companatico
se mangiasse bronzo ne farei filoni.
Schioccò la frusta a redini lente,

Old House
(Suburban, Historical Rags)

Enclosed by taller walls,
the old house still exhibits
its stain-painted whitewash,
injured by patterns of mildew,
unadorned embroidery of poverty.
It felt no shame, the cheeky house,
showing its cardboard windows
and withered geraniums on the sills.
Nearby, in the open,
a cosy and tidy chapel,
coquettish and ironical,
freshly plastered,
with its iron, spear-shaped railing,
its gates, terrace, and crosses.
It got crowded in early morning,
when the bell (how old, I cannot say)
chimed its silvery sound
rhythmically filling the village
and its wide-open windows.
A carter would bridle his donkey,
chewing quid while he burst into curses:
"Hold the shafts still, goddammit,
or I'll mark your legs with this lash."
He would bark, slavering, to the helping boy:
"Your mouth takes in bread and meat,
if it ate bronze it would yield ingots."
He cracked his whip. With loosened reins
the donkey moved toward a day

si mosse il somaro incontro al giorno
fatto di tante ore, mai contate, e il sole
calò i suoi raggi sulle mure bianche
e sulle ferite della vecchia casa.

Lontana Via Diaz

Lontana Via Diaz
all'ombra delle tue mura
fanciullo mi coccolavo.
Oggi, buttato su altre vie
così fredde, così anonime,
conto il dolore che mi dai.

of uncounted hours, and the sun
shed its rays on the white walls
and wounds of the old house.

Far Away Via Diaz

Far away Via Diaz.
I used to nestle as a child
in the shadow of your walls.
Today, thrown on to different streets,
cold and anonymous,
I meet the grief you cause me.

Docile onda

Docile onda che lo scoglio
da sempre dolcemente accarezzi,
mai ti ho visto impetuosa.
Candida schiuma che la riva adorni
come la veste della prima sposa.
La roccia si specchia nel profondo
tuo limpido verde bottiglia.
Il canto delle donne a riva
inseguiva i pescatori e le vele,
tese al primo soffio del vento
le caracollanti immagini andavano
verso profonde acque color smeraldo.

Docile Wave

Docile wave, I have never seen
you raging, caressing the rocks
from time immemorial.
Albescent foam adorning the shore
as does the wedding dress the young bride.
Rocks are reflected in the depth
of your limpid bottle-green.
Ashore, the singing of women
reaches the fishermen and their sails
taunted by the first gentle breeze
to form flickering images
headed for deeper, emerald waters.

È una chiesa che non conosco

Butterò via queste macerie
in un giorno afoso di agosto.
Mi sento incartapecorito
di freddo e di stanchezza
seduto su questo scalino lordo
mentre mi giunge odore d'incenso.
Là dentro diranno qualcosa
è una chiesa che non conosco
e non oso chiedere pietà.
Oggi è primavera e la neve
tarda a sciogliersi e dentro
non mi sento nessuna preghiera,
anche le bestemmie non contano
e credetemi sulla parola
Dio lo sento sulla pelle.

Aspetto una mano che mi tiri su,
che mi accompagni incontro al sole:
agosto non è poi tanto lontano.

A Church I Do Not Know

I will throw away this debris
on a hot August day.
I feel as though I were made of parchment
so cold and weary I am
sitting on these filthy stairs,
enveloped by the smell of incense.
Who knows what they are saying inside,
it is a church I do not know
where I dare not beg for mercy.
It is springtime but snow
still lingers. I hear no
prayers inside; even curses
do not count and —
take my word—
I sense God on my skin.

I am waiting for a hand to help me up,
accompany me toward the sun:
August after all is not too far away.

I miei vecchi

Avete seppellito
i miei vecchi
ed ero assente.
Avete ricomposto
le loro ossa
ed ero lontano.
Sullo smalto
d'una fotografia
in alto
nessun più li vede.
Io non tornerò colà
per raccattare
stracci di pietà.

La mia cenere
senza fotografia
e questa poesia
a cavallo d'un fiume.

My Old Folks

You buried
my old folks
and I was absent.
You laid
their bones
and I was far away.
On the enamel
of a photograph
there above
no one can see them.
I will not go back to that place
to collect
shabby compassion.

My ashes—
and no photograph—
with my poetry
down along a river.

Caldo mantello

Rimpatriatemi
dove il sole assonna
sulle stoppie i grilli,
dove sugli acquitrini
pigre gracidano rane,
fatemi vestire di quel
caldo mantello
per buttar via
questo pallore.

Tre cani un osso

Leggendo questo Treccani
mi è venuto in mente:
l'altra sera tre persone
m'invitarono a poker,
è arcinoto quanto
io sia scadente al gioco,
andò a finire che
vincevano tutti e tre.

Tre cani un osso.

130

Warm Mantle

Send me back to my country
where the sun makes
crickets drowsy on stubble,
where in swamps
lazy frogs croak.
Let me put on
that warm mantle
so that I can get rid
of my paleness.

Three Dogs, One Bone

Reading my Treccani
a thought came to me:
the other night three people
called me to play poker.
It is a well known fact
that I am bad with cards.
It ended up
the three of them won.

Three dogs, one bone.

---

*Treccani is the founder of an authoritative Italian
encyclopaedia whose name literally means "three
dogs".

Un grande amore

Di sapone odorava
la tua camicetta bianca
sotto la mia di sudore
un solo tessuto
pulito e sporco
un grande amore.

Un giorno di questi

Un giorno
raccoglierò
i quattro stracci
e le cose più care
alla memoria,
e mi spoglierò d'inganni.
Poi serenamente
proverò a dirvi
addio.
E andrò dove
forse esiste Dio.

Un giorno di questi.

A Great Love

Like soap it scented
your white blouse;
beneath mine, sweat-smelling,
only one fabric,
both dirty and clean,
a great love.

One of These Days

One day
I will gather
my poor things,
those dearest
to memory,
and will get rid
of artifice.
Then, serenely,
I will try to bid you
farewell.
And I will go
where perhaps God exists.

One of these days.

Sul tuo diario

Domani
cosa scriverai
sul tuo diario
che aveva le mie
pagine d'amore?
I miei fiori
saranno un ricordo
che non troverai più,
come le labbra più vere
che serena baciavi.
Quel tuo diario,
cassaforte di ricordi
domani,
non avrà inchiostro felice
o i dettati del mio cuore
che ti facevano donna.

Domani forse
chiederai rose,
per credere che nei petali
si nascondono felicità
i miei fiori
non l'hai mai chiesti
e avevano parole più belle.
Domani
ti rimarrà una penna
che non conosce amore.

In Your Diary

What will you write
tomorrow
in your diary
that used to include
my pages of love?
My flowers
will be a memory
you will no longer find,
as the devoted lips
you kissed, serene.
Tomorrow,
that diary of yours,
a coffer of memories,
will have no joyful writing
nor plea of this heart
which made you feel a woman.

Maybe tomorrow
you will ask for roses
surmising their petals
might conceal bliss.
The flowers I gave you
you never asked for them,
yet they meant more beautiful words.
Tomorrow,
you will be left with a pen
that knows nothing of love.

Disseccate le mie vene

Se non vi costa fatica,
disseccate le mie vene,
è incredibilmente facile
mi basta un pizzico d'amore.

Ed io insanguinerò fiori
raccogliendoli per voi
sulle fratte di periferia.

Con altra luce adesso

Di questi passi la memoria
affonda radici di dolore,
e con altra luce adesso
vedo dietro di me appena
una linea sbiadita di gioia
disfatta su strade
arabescate di fatica.
Quante ferite ho contato
e questa fede ormai logora
batte per un'ultima preghiera
ancorandomi sul cuore
un soffio di speranza.

Dry Up My Veins

If it be not too hard for you,
dry up my veins.
It is incredibly easy,
a bit of love is all it takes.

I will shed blood on flowers
and gather them for you,
from the bordering thicket.

Now in a Different Light

The memory of my steps deeply
roots itself in sorrow,
and in a different light
I now see behind me
only a faint line of joy
half-faded on roads
embossed with fatigue.
How many wounds have I counted!
And this weak faith of mine
pulsates in a last prayer
anchoring in my heart
a throb of hope.

Bosco di settembre

In questo dedalo
di bosco
dove s'intreccia
la mia fuga,
una lama di sole
trapassa rami bagnati
di settembrina rugiada.
Vorrei salire
in quella porta di sole
e andare lontano
non più scosso
dal dolore.

The Forest in September

In the labyrinth
of the forest
where my flight
is tangled,
a beam of sun
pierces through boughs
wet with September dew.
I wish I could ascend
to that breach of light
and travel far
unshaken
by sorrow.

Medaglie di guerra e di poesia

Nella nebbia che abbraccia
le mie notti di dormiveglia,
su un soffice letto di lana
questa notte ho vissuto
un sogno, che forse non era.
Di qua degli alti monti
bianchi di neve, rossi di sangue,
sulle ferite di guerra
ho ritrovato mio padre.
Vestito ancora da soldato
col novantuno in spalla
da giorni era sceso dal Carso
e a guado andava d'un fiume.
Avanti vincitore stanco,
cancella la paura di trincea
il suono metallico dei fucili,
il corri corri in prima linea.
Nell'aria fredda di novembre
lo vidi con luce di vittoria
gettare via con sicura mossa
il pesante fardello di terrore
dei vent'anni violentati
dai giorni di guerra e di morte.
Sui margini d'una strada
felice ripiegava in ritirata
con due medaglie al petto.
A mezzo sogno, più vera venne
la sua immagine che poco ricordavo,
mi disse, puntandomi il dito
della sua destra secca e stanca:

Medals of War and Poetry

In the mist embracing
my half-sleeping nights,
on a soft woolen bed,
I lived a dream,
tonight perhaps real.
On this side of the high mountains,
white with snow, red with blood,
in the wounds of war,
I fell upon my father.
Still in his soldier's garb,
the 91-rifle on his shoulder,
he had left the Karst days behind
and was wading a river.
Go ahead, you weary victor.
Forget the fear of trenches,
the metal sound of guns,
the hustle and bustle of the front-line.
In the November cold
I saw him in the light of victory
throwing away, self-assuredly,
the burden of terror of war
and death which he carried
on his violated twenty years.
On a street-curb
he retired happy in a retreat
that had won him two medals.
In mid-dream his image became
more real than the one I carried in me.
He pointed the finger of his bony tired hand
and said: " I defended this country,

— Io questa terra l'ho difesa
di qua e di là del nostro Piave,
tu— con voce dal tono soldato—
a prima fame sei fuggito via,
ho dunque di Caporetto un figlio?
Io ho contato baionette nemiche
sui fianchi, squarci sui toraci,
ed ecco le mie medaglie, e tu?
Abbi pietà padre,
gli eroi sono di un'altra epoca,
io ho scelto la strada piana
per non inventarmi altre lacrime,
ne ho versate tante in cinquant'anni
e non ho più coraggio nè forza.
Quel sudore che raggela la carne
nella febbricitante notte,
finalmente conobbe l'alba
e il sogno trovò l'ultima resa.
Serrai una mano, quasi a difesa,
stringendo fogli di poesia.
Le mie medaglie non conoscono
violenza di trincea, agonie e morte,
sono coniate nelle notti bianche
fatte di dolore, di rabbia, di amore
e di poesia che ho scritto anche per te,
padre.

heedless of being twenty,
on this side of the Piave and beyond. You,"
he said in a military voice,
"ran away from the first famine.
Are you a son of a minor corporal?
I totaled enemy bayonets
on flanks, slashes on chests,
and here are my medals. What about you?"
Father, have mercy.
Heroes belong to a different time.
I chose a more leveled path
not to cope with further tears.
I have wept so much in fifty years
and fallen short on guts and brawn.

After this feverish night dawn
finally came to soothe the cold-sweated flesh
and my dream came to an end.
In clenched my hand to a near defence,
held leaves of poems.
My medals do not pertain
to trench-violence, agony or death.
They are minted during sleepless nights,
fit to sorrow, rage, love and poetry
which I have written also for you,
Father.

Amici

Amici delle sere più gaie
che mi fate compagnia
strappandomi ore di dolore,
domani verranno dal mio cuore
le più pudiche parole
e forse qualche bestemmia
tutto per dirvi grazie.

Forse non ho capito

Donna,
forse non ho capito
se il tuo cuore
amava fiori
o parole, tante parole.

Ora il mio s'intana
sull'angolo del dolore,
ricordando,
quando batteva d'amore.

Friends

Friends in the merriest nights
who keep me company
and relieve my hours of grief,
my heart will yield tomorrow
the most innocent words
and at times curse as well.
All this to say thank you.

I Was Perhaps Unaware

Woman,
I was perhaps unaware
of whether your heart
loved flowers
or words, many words.

My heart now skulks
at the edge of sorrow
remembering
when it once beat for love.

Cesso di società

Siamo venuti a morire
in un angolo di strada
vuoti di ogni storia,
il nostro sangue non vale
una stilla d'inchiostro.
Su ogni giornale del mondo
a grosse lettere si legge:
Macchina bomba a Beirut,
Massacro a Soweto, Gas a Kabul,
In Cile arresti e legge marziale.
E quel signore accetta l'invito
di quella ricca Ambasciata,
il Principe perde a polo,
la Lady più magra di ieri.
Siamo venuti a morire soli
al di là della larga strada,
oltre le ricche dimore,
sui resti delle luride baracche,
dove si urina e si vomita
alla luce serena del giorno.
E il Presidente cavalca puledri
e stanzia miliardi per difesa.
Un ennesimo vestito indossa,
forse un Valentino o un Missoni,
l'ultima scoperta della celluloide.
Gorbaciov si danna per Cernobil
e sulle fabbriche del mondo
ogni minuto si sfornano missili
puntati sul cuore della gente.
Un uomo senza pane, ubriaco

Revolting World

We came to die
on a street corner
devoid of history.
Our blood is not worth
a drop of ink.
In the newspapers of the world
one can read screaming headlines:
Car-Bomb in Beirut,
Slaughter in Soweto, Gas in Kabul,
Chile: Many Arrested, Martial Law.
One gentleman Accepts the Invitation
of the Rich Embassy.
The Prince Loses at Polo.
The Lady in Skinnier than She Was Before.
Beyond the wide road,
beyond the affluent homes,
we came to die alone
in these remains of filthy slums,
where people piss and vomit
in the clear light of day.
The President rides his colts
while allotting billions to defence.
The last showbiz talent
wears the hundredth dress,
signed Valentino or Missoni.
Gorbachev is gnawed by Chernobyl
as in world factories
missiles appear every minute
and are then directed at the hearts of men and
    women.

di fame, di alcool e di miseria,
scarica boccacce e sputa
immaginando di scagliare veleno.
Io mi strapperei il cuore
per scaraventarlo infaccia
a questo cesso di società
se l'hot-dog che mangio
non me lo avesse già strappato.

A man, drunk with hunger,
misery and alcohol,
grimaces and spits,
pretending he is releasing venom.
I would wring out my heart
and throw it at the face
of this revolting world
if the hot dog I am eating
had not already torn it apart.

Ai miei amici

Amici credetemi,
sono sempre stato
uno di voi,
non vi ho mai tradito
con la poesia che scrivevo.
Butterò via questa penna,
questa lama di ricordi,
strapperò i miei diari
e riparlerò di sudore
nelle chiacchierate di sera
davanti ad un Rosso Piceno.
Riparlerò con enfasi
dell'anima fredda del ferro
e di come si piega
se lo si arroventa.
Credetemi,
i calli ho ancora alle mani
e alle sette e trenta
indosso come un Valentino
la sporca tuta blu.
Sono felice credetemi,
ho semi di pomodoro
sulla bocca larga di sorrisi.
Finalmente sono uno di voi
che vi parla di fatica
masticando pane e salsiccia.
non parlerò più di poesia,
oggi, finalmente ho deciso,
butto per sempre
anche se mi addolora
il vestito di poeta.

To My Friends

My friends, believe me.
I have always been
one of yours,
never betrayed you
in the poems I have written.
I will throw my pen away
and tear these diaries
just to speak again of work,
chatting at night together
before a bottle of Rosso Piceno.
I will speak again with zest
of the cold soul of iron
and how it bends red-hot.
Believe me.
My hands become callous again
and, at seven-thirty, I don
my dirty coverall
like a jacket signed Valentino.
I am happy, take my word,
to have tomato seeds
on my smiling lips.
Finally I am one of you
who can at least speak of work
while chewing bread and sausage.
No longer will I talk of poetry.
Today finally I have decided
to rid myself of my poet's garb.

Piangendo e ridendo

Piangendo
un amico mi disse:
— Ho sposato una puttana.
Ridendo risposi:
— Coraggio amico
chi non lo è al giorno d'oggi.

Weeping and Laughing

Weeping,
a friend said to me:
"I am married to a whore."
Laughing, I answered:
"Take heart, my friend,
who is not nowadays?"

Printed in Canada